ACADÉMIE DES JEUX FLORAUX.

ÉLOGE

DE M. D'ALDÉGUIER,

Lu en Séance publique, le 16 janvier 1868;

Par M. SACASE,

Un des quarante Mainteneurs.

TOULOUSE,

IMPRIMERIE CH. DOULADOURE;

ROUGET FRÈRES ET DELAHAUT, SUCCESSEURS,

Rue Saint-Rome, 39.

1868.

ÉLOGE

DE M. D'ALDÉGUIER,

Lu en Séance publique, le 16 janvier 1868;

Par M. SACASE,

Un des quarante Mainteneurs.

Messieurs,

Un écrivain d'une rare distinction traçait, il y a quelques jours, ces lignes où, sous l'hommage pieux qui les a inspirées, et sous l'éloquence des regrets, je retrouve, défini avec une précision singulière, le devoir que l'Académie m'a chargé de remplir auprès d'elle... « La seule compensation, y disait-il, au triste privilége de survivre, pour quelques jours peut-être, à ceux que nous aimions, est de les servir encore, quand ils ne sont plus là, d'avoir souci de leur mémoire. Ils ont droit à nos soins ; nous leur devons de dire aux générations qui s'élèvent ce qu'ils étaient, ce qu'ils valaient, et combien de riches semences échappées de leurs mains ont porté des fruits qu'elles ignorent (1). »

(1) M. Vitet *Revue des Deux-Mondes.*

Nul ne devait justifier davantage ce souci vigilant et pieux que M. d'Aldéguier, et c'est bien lorsqu'une vie a été, comme fut la sienne, pleine d'œuvres utiles et de savants labeurs, soutenue par le lien des austères devoirs et rehaussée par ces mœurs simples qui commandent le respect, qu'il sied à ceux qui en ont été les témoins, d'en évoquer le souvenir et de redire ce que valait celui qui, pour un si grand nombre, repose déjà oublié dans la mort. L'Académie lui est d'autant plus redevable de cet hommage, que, de son vivant, il ne lui épargna pas les siens ; que, dévoué à son influence et à sa renommée, il lui semblait qu'on ne les plaçait jamais assez haut, et qu'enfin il reporta sur elle, ce qui est meilleur encore et doit la toucher plus vivement, une large part de cette piété attendrie qu'il ressentit toujours pour son pays natal.

Hilaire-Victor-Auguste d'ALDÉGUIER naquit à Toulouse le 19 mai 1793, dans ces horribles jours, où son père qui avait appartenu au parlement de cette ville et qui protesta contre sa destruction, était contraint de se cacher pour dérober sa tête à l'échafaud qui l'en aurait puni. Le jeune membre de la chambre des enquêtes, qui fut plus tard le président d'Aldéguier, en apprenant, au sein de cette ancienne compagnie, les saintes leçons du devoir, avait eu le temps d'y jeter les fondements de la réputation solide qu'affermit, dans la nouvelle, le long exercice des fonctions qu'il y remplit. Ceux qui l'ont connu, se rappellent sans doute ce caractère dans lequel dominait la gravité, sans exclure un spirituel enjouement, ce type si accentué, cette figure saisissante, où, à côté de la dignité des ans, se lisait la sérénité de l'homme de bien. Le respect tendre et fier que ses fils lui avaient voué eût suffi pour déterminer l'aîné d'entre eux à suivre, d'après une tradition qui va s'effaçant, la carrière où ce père vénéré avait marqué sa trace. Les portes de la magistrature devaient donc s'ouvrir naturellement pour Auguste d'Aldéguier. Il fut nommé conseiller auditeur en 1818, n'ayant encore que vingt-cinq ans, et il devenait conseiller titulaire en 1826. Il exerça ces fonctions jusqu'au moment de sa retraite, c'est-à-dire pendant près de quarante années. Ni lorsqu'il en fut investi, ni plus tard, il ne montra aucun souci de ce que l'avenir pouvait lui promettre. Il ne songea qu'à l'application religieuse des devoirs qu'elles lui imposaient et il s'y consacra avec une assiduité qui seule aurait pu assurer l'autorité de sa conscience.

Le jeune magistrat comptait, parmi ses aïeux, de vaillants capitaines. Mais dans ce long passé, que la famille d'autrefois léguait à sa famille d'aujourd'hui en étendant sur elle et sur lui-même son ombre vénérée, M. d'Aldéguier choisit surtout la part qui le rattachait à ce grand parlement de Toulouse, où il retrouvait aussi une longue suite d'ancêtres. Il vécut sans cesse sous le prestige de ces traditions et il en voyait, en quelque sorte, l'image survivante auprès de lui. C'est peut-être ici le lieu d'exprimer le regret que notre confrère, à partir de ces fécondes années où il s'était fait remarquer par l'ardeur de sa curiosité et où son esprit s'était tracé un idéal dont il demeura constamment épris, n'ait pas songé à amasser, pour les animer et les éclairer dans la maturité de l'âge, les matériaux d'une histoire du parlement, labeur incomparablement utile et fécond dont on n'aurait pas eu besoin de lui exalter l'attrait et qui serait venu tout à fait à son heure. Il n'y a plus rien en effet dans ce passé qui n'ait désormais atteint ce point de perspective, d'où se mesurent avec équité les événements et les hommes. Et puis, dans cette mobilité qui l'emporte vers des destinées inconnues, la génération de ce siècle gagnerait certainement à placer, plus souvent qu'elle ne fait, sous son regard, ces illustres mémoires, à étudier de près ces hommes des anciens jours qui aimèrent, avec leur foi inflexible, la science et la religion, à constater par les beaux caractères que le culte de l'une et de l'autre fit éclore ce qu'il y a en elles de séve féconde pour les sociétés et à se donner enfin le spectacle des fortes vertus nourries à leur école.

M. d'Aldéguier recula, semble-t-il, devant la continuité d'un tel effort. Non qu'il eût été incapable d'embrasser un vaste et sévère sujet ou qu'il n'eût été facilement excité par sa grandeur, mais ses goûts devaient le porter vers cette série multiple de travaux qui lui offraient le charme de la diversité, et qui sont, comme a dit Bayle, le dessert de l'esprit. Dans le premier emploi qu'il fit de studieux loisirs, il marquait déjà sa tendance. Il se plaisait, en dehors des heures assujetties, à poursuivre ses recherches à travers toute sorte de sujets et de livres, se portant avec ardeur aux trouvailles imprévues, et y cherchant un sévère plaisir, ne se refusant du reste aucun des luxes intelligents qui pouvaient l'intéresser et orner sa collection qu'il enrichit avec un soin assidu jusqu'à son dernier jour. M. d'Aldéguier, faut-il dire le mot, était un bibliophile. Avec quelle vivacité il admirait une vignette ou un encadrement de Vostre, et ces beaux gothiques de Vérard, et ces caractères si purs des Vascosan et des Galiot du Pré ! Rien n'égalait sa joie, lorsqu'une enchère heureuse lui apportait une de ces riches épaves que la dispersion des plus célèbres bibliothèques de notre ville a fait passer dans des mains privilégiées, surtout si sur la couverture du livre l'art du relieur avait laissé l'empreinte de la précision et d'une grâce élégante ! Il était vif en effet à ces jouissances délicates. A force d'aimer et de rechercher cette brillante industrie du livre, il s'était rendu familière l'histoire de cet art, et s'était initié à ses plus fines merveilles. Que lorsqu'on n'aime les livres qu'à cause de leur rareté ou de leur parure, les indifférents n'aient alors que des sourires pour cette manie, et qu'elle soit par eux poliment exilée parmi les inutilités de l'intelligence, on le concevrait à peine, car que de chefs-d'œuvre cette passion, tout au moins inoffensive, n'a-t-elle point sauvés ! Mais pour le possesseur intelligent, le livre n'est point un hochet, le maroquin armorié lui-même n'est qu'un vêtement auquel une curiosité raffinée s'attache en raison même du plaisir exquis que l'intelligence en doit retirer. M. d'Aldéguier appartenait à cette dernière classe de bibliophiles. Sa bibliothèque n'était point cette tannerie dont parle la Bruyère, et bien qu'il examinât avec un soin inquiet, quand il achetait un livre, et la fermeté du carton, et la sûreté de main dans l'application des filets et des dentelles, on savait du moins qu'il ne l'achetait que pour le lire.

Dans ces acquisitions choisies, M. d'Aldéguier fut surtout dominé par une double prédilection. Homme de goût, il recherchait les beaux classiques de l'antiquité latine, et puis subissant, avec une candeur que rien ne troubla jamais, toutes les séductions de la terre natale, et y découvrant d'ineffables prestiges, il se mettait en quête de tous les documents qui pouvaient en éclairer l'histoire, lui apprendre quelque chose sur ses institutions, ses monuments et le passé de ses familles illustres, devenir en un mot un aliment pour ses plus chères illusions. C'est qu'en effet prompt à l'enthousiasme, toutes les fois qu'il était question de sa ville natale, il ne parlait d'elle qu'avec un véritable orgueil filial. Il a bien pu entendre dire plus d'une fois autour de lui qu'il en exagérait le lustre et le renom, mais il était trop convaincu et trop charmé pour accepter ce reproche, et il eût pu, à propos de sa chère Toulouse, prendre pour son compte cet aveu fait par Montaigne, quand il voulut donner la mesure de l'enchantement qu'avait pour lui la ville de Rome, qu'il en aimait même « les taches et les verrues. »

Cette prédilection obstinée, il la garda jusqu'au bout et ne cessa d'y être fidèle. Sa foi était de celles qui agissent. Doué de la compréhension des arts, il fit d'heureux efforts pour rendre plus d'éclat au renom trop pâlissant des maîtres de l'art Toulousain, les Bachelier, les Subleyras, les Rivals, qui lui paraissaient immolés et qu'avec une hardie sincérité il eût voulu mettre au premier rang. Il ne lui aura pas été permis d'assister à cette restauration projetée encore, mais inévitable et déjà préparée avec un goût exquis, de ce cloître, à l'architecture si pleine de variété et d'unité tout à la fois, où le regard est sans cesse frappé d'un jeu d'ombre et de lumière plein de magie, et où s'étalent, comme dans un sanctuaire digne d'elles, et cette série grandiose de marbres et de bustes antiques et cette collection vraiment incomparable de chapiteaux romans sur lesquels des artistes inconnus ont finement sculpté, au milieu de tant d'enroulements gracieux, d'innombrables scènes empruntées aux légendes sacrées, et telle enfin, disait M. d'Aldéguier, que le Louvre lui-même ne possède rien d'analogue. S'il n'a pu être le témoin de cette restauration si désirée, notre confrère y aura coopéré du moins par son admiration expansive et par ces hommages chaleureux que lui arrachait la vue de ce monument dont il lui semblait qu'on n'était pas assez fier. Il faut le louer d'avoir su les ressentir et d'avoir eu la franchise de les exprimer. N'est-il pas vrai que ce sont là des qualités assez rares, et qu'aujourd'hui, tandis que Paris n'a guère que des admirateurs exclusifs, qu'il se trouve tant de gens pour vanter même ses splendeurs dépravées et cette massive richesse où l'art est trop souvent dépossédé au profit du luxe et du faste, on ose à peine tenter le panégyrique de ces nobles productions, de ces beautés architecturales, les seules pourtant dignes de captiver l'attention ?

M. d'Aldéguier cédait encore au candide élan de la même sympathie, lorsque, chaque année, au retour d'une fête vraiment toulousaine et sous les mêmes voûtes du cloître des Augustins, il venait, organe judicieux du bureau des arts, juger les travaux des jeunes artistes dont il encourageait la vocation, la dirigeant quelquefois par ses conseils et leur montrant toujours le vrai moyen de s'élever et de réaliser de glorieuses promesses. Avec quel discernement rapide, aidé d'une connaissance technique des arts du dessin, et quel accent d'affectueuse sollicitude, il appréciait ces œuvres, où il savait démêler, dans leur germe et leur premier essor, les talents auxquels appartenait l'avenir ! Plus d'un, peut-être, de ces élèves, incertain dans sa voie et déjà à demi séduit par des sophismes, a dû à la bienfaisante influence de sa critique d'être ramené à ces principes sûrs et à ces traditions solides dont elle leur enseignait le respect. M. d'Aldéguier remplit longtemps cette tâche avec un tact éclairé et une vive sympathie pour une institution populaire. Chacun de ses rapports, dont il savait varier la forme, devint ainsi une sérieuse leçon d'esthétique qui attestait la finesse de son jugement et la sûreté de son goût.

Ce patriotisme élevé, qui s'inspire des vieux souvenirs de la terre natale, devait conduire M. d'Aldéguier à rechercher les vestiges de l'ancienne civilisation du Languedoc, de cette province remuée par tant d'événements et où tant de races s'étaient mêlées, et à étudier en détail les innombrables reliques d'art et d'histoire que la main du temps y avait dispersées. Il devait trouver un charme particulier à ces études qu'il suivait en buissonnant, et qui touchaient par tant de côtés à toutes les choses dont il avait le culte respectueux, dans lesquelles il s'aidait, d'ailleurs, des notions acquises d'épigraphie et de cette langue pittoresque du blason aux mystères de laquelle il s'était initié. Une fois lancé dans cette nouvelle carrière de recherches et de travaux, M. d'Aldéguier s'y distingua par une émulation que vint naturellement solliciter encore la création de la Société archéologique du midi de la France, due à l'initiative éclairée du marquis de Castellane, auquel il consacra plus tard une de ces biographies étudiées et si attachantes par l'intérêt et la vie qu'il savait y répandre. Dans ce groupe de travailleurs réunis sous ce noble patronage, nul ne déploya plus de zèle et ne s'associa plus vivement à cet ensemble d'efforts qui ont déjà enrichi de tant de Mémoires précieux l'histoire du Midi, et dont l'histoire générale portera certainement un jour la trace. Lorsqu'il traitait un sujet pour la nouvelle Société, il était rare que sa prédilection ne le fît incliner vers les questions d'art, surtout s'il devait y trouver l'occasion de donner un libre cours à des sentiments intimes dont il porta toujours en lui-même la marque obstinée, d'évoquer, par exemple, le génie chevaleresque et chrétien, et de le saluer dans quelque œuvre qui en fût la noble manifestation. Les pages qu'il écrivait alors, sous la dictée de sa foi ou de ses souvenirs, se ressentaient de cette chaleur de l'âme qu'il leur communiquait. Du reste, il ne faut pas chercher dans la plupart des écrits de M. d'Aldéguier l'art patient de la composition et du style, mais plutôt une sensibilité vive et cette émotion qui s'allume au foyer des convictions droites et sincères. Je n'ai plus besoin de dire quelles furent ces convictions au sein desquelles naquit et fut élevé M. d'Aldéguier, mais on peut certifier que, s'il ne leur eût pas appartenu dès le berceau, il leur eût donné lui-même et de sa propre volonté son cœur et sa raison, tant elles le pénétraient naturellement, et on sait qu'il en garda toute sa vie le pli ineffaçable!

C'est à cet ordre de travaux qu'il faut rapporter d'abord sa monographie sur la cathédrale de Saint-Etienne qu'il composa en 1832, et où il retraçait par la succession des styles, l'histoire du monument, destiné à revêtir, c'est notre espoir, une nouvelle et plus éclatante splendeur, et puis celle sur les cryptes de Saint-Sernin, dans laquelle, parlant de cette poussière sacrée qui en est l'inestimable trésor, il racontait à travers quelles vicissitudes elle avait été déposée dans ces profondeurs augustes où elle reposa, sous la garde de la piété des siècles, jusqu'à ces jours abhorrés qui virent les envoyés de la justice révolutionnaire y porter une main sacrilége. Riches de documents précieux qu'on lui saura gré d'avoir rassemblés, ces études de M. d'Aldéguier seront pour l'histoire sacrée de son pays deux pages instructives qui survivront.

M. d'Aldéguier écrivit encore pour la Société archéologique une étude d'art sur l'hôtel de Mac-Carthy. Il fit plus tard devant vous, Messieurs, l'éloge du dernier possesseur de cette riche demeure, M. Justin de Mac-Carthy dont il avait été l'ami et le confrère. Tout le monde se rappelle, et ici surtout, cette vénérable et fine tête, portée avec la fierté des grandes races, ce regard plein de ferveur et de calme, enfin ce je ne sais quoi d'intellectuel et de gracieux qui était propre à M. de Mac-Carthy et qui divulguait la haute distinction de son origine. Dans sa notice biographique, M. d'Aldéguier avait fait revivre tout cela par quelques traits justes et expressifs qui peignaient cette belle physionomie, et vous n'avez pas oublié notamment cette page émue où il retraça la mémorable séance de l'Académie dans laquelle vous apportant, avec une noble mélancolie, le pressentiment de sa fin, et se jetant de lui-même dans les bras de ce Dieu auquel il aspirait avec la sérénité confiante de sa foi, M. de Mac-Carthy était venu vous dire un stoïque et suprême adieu. M. d'Aldéguier, en dehors même de toute sympathie personnelle, avait, il faut le dire, pour les distinctions de race un goût qu'il ne désavouait point. Avoir de la naissance ne fut jamais à ses yeux une chose indifférente, et c'était appeler à soi une sorte de reflet particulier et attachant. Ne l'eût-il pas avoué, qu'on eût pu s'en convaincre au tour même de ses idées et parce qu'il n'y avait rien en lui où il ne se décelât.

Du reste, il avait l'habitude de ne rien déguiser. Cette foi monarchique qui semblait fixée dans la conscience de la France ancienne et dont, à ses heures de vive jeunesse, il avait salué le réveil, cette foi fut toujours la sienne. Comme elle ne le rendit infidèle à aucun devoir, il la garda avec la quiétude d'une conviction sereine. On peut même dire que de cette religion politique il eut non-seulement le culte, mais presque la superstition. Il eût parfaitement senti ce mot de Mme de Sévigné : « Le temps est divin ; il pleut comme pour le Roi. » Sur ce point il aurait été impossible de l'entamer.

En tout, il pratiquait la franchise, mais cette franchise même avait, si je puis dire, tourné en défaut. Comme il ne visait qu'à être lui-même et qu'il mettait avant le désir de plaire le souci d'être vrai, dans la conversation il laissait tomber de ses lèvres, sans ornement et sans artifice, l'expression qui s'offrait à lui, au lieu de rechercher l'expression correcte et étudiée. N'ayant jamais tenté de se corriger de cette négligence, il n'acquit pas le don des narrations faciles; il lui préféra les fruits vigoureux de l'étude, qui toujours ne plaisent pas, mais qui instruisent et enrichissent l'art et les lettres.

En 1842, la notoriété de ses travaux appela M. d'Aldéguier à un siége de Mainteneur. Il retrouva au sein de l'Académie le souvenir encore vivant des qualités aimables de son père, et le dernier venu avant lui parmi les Mainteneurs était encore un des siens; il semblait l'avoir précédé au milieu de vous comme pour lui tendre d'ici une main fraternelle. Sans doute il y a pour les amitiés domestiques comme un voile discret qui les abrite et ne doit pas être soulevé, et pourtant je croirais omettre un trait essentiel de cette bonne et franche nature, si je ne rappelais ce que vous savez déjà, que M. d'Aldéguier trouva dans le nœud d'une double alliance avec un de nos confrères le ressort d'une double et chevaleresque affection qu'il lui voua. Il n'aurait pas voulu être de moitié seulement dans vos applaudissements et vos suffrages; il aurait tenu à ne lui en dérober aucune part. Qui de nous n'a été témoin de cette touchante émulation?

Le nouveau Mainteneur prit pour sujet de son remercîment à l'Académie l'alliance de l'archéologie et des lettres. Cette thèse était bien à lui en effet, et on peut seulement constater qu'il lui donna peut-être une base trop étroite en n'associant pas davantage Walter-Scott à Châteaubriand dans la mise en œuvre et la propagation des nouvelles beautés littéraires qu'ils empruntèrent au moyen âge, et dans la direction que l'un et l'autre imprimèrent aux arts vers l'étude de cet âge héroïque de l'Europe.

Ce fut avec non moins d'opportunité qu'en 1848, dans la Semonce dont vous l'aviez chargé, saisissant la presse au milieu de son triomphe, M. d'Aldéguier étudiait son action sur la littérature; et sa crainte était vraiment prophétique quand il en redoutait le voisinage et l'influence pour cette dernière. Il craignait que l'écrivain n'y risquât son indépendance, et la pensée même son élévation. Il voyait sortir de ces communications familières et quotidiennes avec la foule l'avénement d'une littérature surexcitée, et, en songeant à cette invasion de l'industrie dans le domaine des lettres pour en usurper la direction, il pressentait que leur avenir serait inévitablement compromis par ces procédés rapides de composition appliqués à des travaux dont l'inspiration seule devrait marquer l'heure et la durée. Parmi les causes du déclin de la littérature et de la triste stérilité qu'elle accuse aujourd'hui, celles-là n'ont-elles pas été des plus actives ?

Il aurait voulu comme vous, Messieurs, travailler à la relever de son abaissement et la préserver des atteintes qui dénaturent son noble caractère. Rappeler aux écrivains ces époques d'imagination créatrice et de naïves croyances où la littérature enchantait les peuples à leur réveil, quand eut cessé de peser sur l'Europe ce long sommeil de l'esprit qui suivit la chute de l'empire romain, lui parut un des moyens d'y concourir; car c'était du moins les faire souvenir de sa dignité et de la noblesse de son origine. On peut croire qu'il assigna ce but à ses travaux d'histoire littéraire ; et dans ces travaux, c'est de l'Académie des

Jeux Floraux, de l'ascendant que lui donna sa Restauratrice, qu'il était surtout préoccupé. L'éloge de Clémence Isaure, qu'il prononça en 1846, et un Mémoire sur les manuscrits de l'Académie qui parut en 1852, et dans lequel il analysa avec un soin orgueilleux ses titres historiques, achevèrent de montrer combien lui était cher cet héritage de gloire que l'ancien collége d'Isaure avait amassé !

Avec quelle touche énergique, pénétrante, et quelle richesse de détails ignorés, notre confrère écrivait, interprète ému de l'Académie, tantôt l'éloge de l'abbé de Montégut, héritier d'un nom cher à la poésie et à la science des lois, et qui tout à coup, à cet âge où on sent l'orgueil de la vie, rejetait la poésie dont il avait à peine goûté l'ivresse, et se détournait, pour de plus austères devoirs encore, de la carrière où ses ancêtres avaient conquis leur lustre ; tantôt celui de M. Du Mège, voué dès sa jeunesse à un labeur sans repos, l'acceptant avec courage, le poursuivant sous le poids d'une fortune si obstinément ingrate, et ne recueillant même, en dépit de travaux immenses, qu'une célébrité incertaine et disputée par la critique, qui ne lui épargna aucune de ses rigueurs ; enfin, celui de M. de Lamothe-Langon, qu'il montrait arraché un jour à son pays pour vivre, loin des siens, des produits d'une littérature quelque peu abaissée, puis, éclairé et attendri aux heures les plus mauvaises de sa destinée, désavouant ce qu'il avait écrit d'injurieux pour les mœurs, et, afin d'en faire accepter l'oubli, ne se réservant que la faculté de prier et de souffrir ; et, du fond de ces deux panégyriques, un cri de pitié retentissait et venait éveiller autour de l'orateur une émotion qui lui prouvait combien il avait été compris et combien il avait pénétré son auditoire en lui révélant des choses qu'il lui fut si douloureux de savoir !

Lorsque, Messieurs, il vous apportait ce dernier éloge, tout à la fois pathétique et habilement mesuré, M. d'Aldéguier venait d'être, comme magistrat, frappé d'une mesure légale qui le contraignait au repos. Nos anciennes compagnies n'avaient pas connu la fatalité de cette règle. On croyait alors, et peut-être sera-t-on ramené à croire encore qu'on ne juge pas moins bien quand on a conquis cette grande tranquillité et ce doux apaisement que donne la vieillesse. Le jour même où il dut descendre de ce siége qu'il avait honoré par son indépendance et la pratique incessante de ses devoirs, M. d'Aldéguier se rendit, comme à l'ordinaire, au palais de justice. Il lui sembla, à lui, le dernier de cette lignée de magistrats qui y avaient siégé presque sans interruption, dans les anciens comme dans les nouveaux jours, qu'il ne devait pas s'en éloigner sans dire les sentiments qui l'agitaient, et il lut à ses collègues attristés une page intime où il parla d'eux et de lui-même avec son ordinaire expansion. Puis, après un muet serrement de main, il se retira le cœur plein de tristesse et livré à toute l'amertume des souvenirs que sa retraite même ravivait.

Contre la monotone succession des jours il avait pourtant une ressource assurée. « Celui qui aime » le travail a assez de soi-même », a dit la Bruyère. Notre confrère s'attacha en effet de plus fort à ces études libres et désintéressées qu'il avait toujours poursuivies avec la passion de la curiosité, et désormais il leur fit encore une plus large part dans l'emploi de la vie.

Il chercha aussi des diversions puissantes. Il refit tous les ans son voyage des Pyrénées, et on sait qu'il allait faire sa station à Bagnères quand tout le monde en était parti. Ceux pour qui le bruit est le plaisir suprême ne peuvent comprendre ce charme d'une absolue solitude que goûtait fort M. d'Aldéguier. Il parcourait donc avec bonheur, débarrassées de la foule élégante qui naguère s'y pressait, ces larges avenues qui s'ouvraient à l'air et au jour. Il est possible encore que, cédant à un goût développé en lui par la pratique des arts, il préférât les bois rougis par l'automne, et qu'il se plût davantage au milieu de cette nature chaude et vivement colorée qui, dans les pures journées d'octobre, lui offrait une incomparable richesse de teintes.

Il profita également des loisirs de sa retraite pour revoir Paris qu'il n'avait pas visité, depuis qu'une transformation fabuleuse en a fait une cité nouvelle. Il s'y rendit avec le désir de se mettre en garde contre l'éblouissement que produit en général la première vue de tant de magnificences et de porter sur ce qu'il allait voir un jugement intime, sincère et réfléchi. Il tint parole et les impressions dont il vous fit la confidence à son retour attestèrent qu'en effet il avait jugé sans parti pris et avec le sentiment d'une critique discrète. Une joie était réservée à son cœur vraiment chrétien et il eut la loyauté de ne pas la dissimuler. Il remarqua que, dans cette ville encore païenne par ses plaisirs et par ses mœurs (1), une haute pensée avait pourvu aux besoins religieux en y multipliant les sanctuaires. Il eut aussi l'occasion d'y applaudir à d'heureuses restaurations de l'art chrétien. Il admira enfin ces percements merveilleux et tout ce qu'il avait fallu d'art et d'efforts pour niveler le sol et

(1) M. Vitet, *Revue des deux Mondes*. Puisque ce nom qui est celui d'un des juges les plus exquis en matière d'art doit se trouver encore sous ma plume, je dois dire que celui qui le porte a publié dans la *Revue des deux Mondes* un long travail, sur les embellissements de Paris, postérieur à celui de M d'Aldéguier, et dans lequel il donne aux aperçus de ce dernier la sanction de son goût si sûr et de son jugement si autorisé !

en faire sortir ces lignes grandioses qui s'élèvent et se développent à vue d'œil. « C'est bien là, disait-il, » l'œuvre d'une nation aussi puissante par ses con» ceptions que par l'immensité de ses ressources. » Mais ennemi de la ligne droite à laquelle ses yeux n'étaient pas accoutumés, et la complaisance de ses souvenirs avait peut-être un peu nourri cette hostilité, il ne comprenait pas qu'on lui eût sacrifié tant de monuments, à l'aspect élégant et noble, dont quelques-uns portaient la marque de ce goût qui avait conduit la main des artistes de la renaissance et du grand siècle. Il interrogea aussi le caractère de cette architecture nouvelle, et il eut le regret de constater qu'elle n'en avait point, qu'elle errait d'imitation en imitation, s'appropriant toutes les formes et tous les signes, et les jetant quelquefois pêle-mêle et sans goût. Il reconnut pourtant sa supériorité dans tout ce qui était ornement, ajustement, industrie, et il n'hésita point à avouer qu'à cet égard elle avait donné des fruits précieux et brillants.

Cependant les années s'amassaient sur la tête de M. d'Aldéguier, et dans les premiers mois de 1866, un mal d'abord obscur vint altérer sa constitution. Bientôt ses forces se consumèrent peu à peu. A côté de lui, sous le chevet du lit où le retenaient ses souffrances, on pouvait apercevoir encore un exemplaire de Virgile. C'était l'édition préférée. Mais elle passa vite cette dernière heure des dégustations exquises. La maladie prit un caractère redoutable : les suaves effusions du poëte latin ne suffisaient plus à M. d'Aldéguier pour le consoler ou le distraire. Il demanda la résignation au livre qui enseigne les immortelles espérances. L'Imitation de J.-C. remplaça Virgile. Notre confrère n'avait jamais connu le doute religieux, et il n'en avait même jamais reçu l'impression funeste.

Toujours il s'était incliné avec une soumission absolue et une tendre sympathie devant les vérités que sa religion lui avait révélées et qu'autour de lui on avait embrassées avec une sainte ferveur. La mort le trouva donc prêt, et il s'éteignit le 18 août 1866, entouré de celle qui avait répandu sur sa vie les douces consolations d'une pieuse tendresse et des derniers survivants de sa famille, si cruellement éprouvée et attristée par tant de deuils !

Il laissa après lui les plus affectueux regrets. C'était en effet un caractère remarquablement droit, sincère, indépendant sans rudesse, doux et bienveillant au fond.

Vous avez parcouru, Monsieur, la même carrière que M. d'Aldéguier, et, comme lui, vous avez cru que le culte assidu des lettres n'était pas incompatible avec de laborieux devoirs. Obéissant à la même prédilection, vous avez l'un et l'autre tourné vos regards vers cette antiquité latine où le génie littéraire apparaît dans des œuvres si achevées, et, avec un involontaire accord, vous l'avez surtout contemplé tous deux dans sa période privilegiée de séve et d'éclat. En traduisant ses poëtes et en y suivant le trait aiguisé d'esprit ou en y goûtant le charme sévère de l'inspiration, vous avez su y retrouver les mœurs et les usages d'un peuple qui avait en effet fait entrer la vie réelle dans sa poésie, et ici encore, par vos travaux d'archéologie littéraire, vous avez mis le pied dans un domaine que votre prédécesseur se plaisait à parcourir. Qui donc l'Académie aurait-elle pu appeler dans ses rangs pour y remplir le vide qu'il y a laissé ? M. d'Aldéguier vous eût certainement désigné lui-même. Mais puisque les mêmes voix poétiques vous ont enchanté et qu'elles vous sont si familières, vous nous devrez, Monsieur, d'en évoquer l'attrait au milieu de nous et nous serons sûrs de reconnaître toujours, sous le fidèle travail de l'interprète, cette langue inspirée qui leur appartenait et qui sera éternellement la langue de l'esprit et du cœur !

Toulouse, Impr. Douladoure; Rouget Frères et Delahaut, succrs, rue St-Rome, 39.

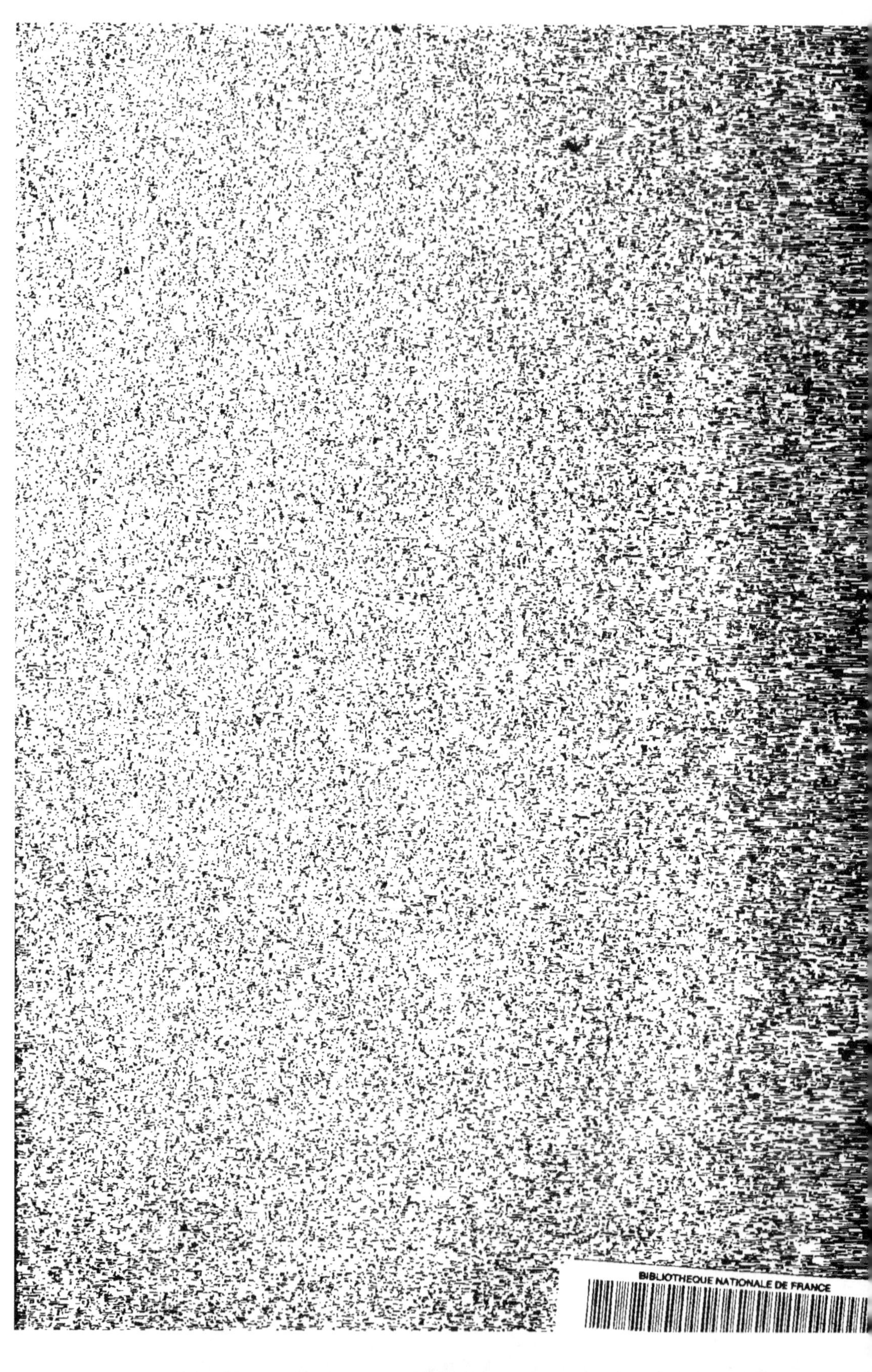
BIBLIOTHEQUE NATIONALE DE FRANCE

www.ingramcontent.com/pod-product-compliance
Lightning Source LLC
LaVergne TN
LVHW010249230826
846091LV00007B/2871

* 9 7 8 2 0 1 2 4 6 3 5 0 9 *